Halloween
To-do list

 # TO-DO LIST

 # TO-DO LIST

NOTES

 # TO-DO LIST

 # TO-DO LIST

 # TO-DO LIST

 # TO-DO LIST

 # TO-DO LIST

 # TO-DO LIST

 # TO-DO LIST

NOTES

TO-DO LIST

 # TO-DO LIST

NOTES

 # TO-DO LIST

 # TO-DO LIST

 # TO-DO LIST

NOTES

 # TO-DO LIST

 # TO-DO LIST

# TO-DO LIST

 # TO-DO LIST

 # TO-DO LIST

 # TO-DO LIST

 # TO-DO LIST

 # TO-DO LIST

 # TO-DO LIST

 # TO-DO LIST

 # TO-DO LIST

 # TO-DO LIST

 # TO-DO LIST

 # TO-DO LIST

 # TO-DO LIST

-
-
-
-
-
-
-
-
-
-
-
-

NOTES

 # TO-DO LIST

-
-
-
-
-
-
-
-
-
-
-
-

NOTES

 # TO-DO LIST

 # TO-DO LIST

 # TO-DO LIST

NOTES

 # TO-DO LIST

 # TO-DO LIST

 # TO-DO LIST

 # TO-DO LIST

 # TO-DO LIST

 # TO-DO LIST

TO-DO LIST

NOTES

 # TO-DO LIST

- [ ]
- [ ]
- [ ]
- [ ]
- [ ]
- [ ]
- [ ]
- [ ]
- [ ]
- [ ]
- [ ]
- [ ]

NOTES

___
___
___
___

 # TO-DO LIST

 # TO-DO LIST

NOTES

 # TO-DO LIST

 # TO-DO LIST

 # TO-DO LIST

 # TO-DO LIST

 # TO-DO LIST

 # TO-DO LIST

www.ingramcontent.com/pod-product-compliance
Lightning Source LLC
Chambersburg PA
CBHW062205100526
44589CB00014B/1966